ABRA AS PORTAS DA FELICIDADE

Daniel Odier

ABRA AS PORTAS DA FELICIDADE

19 Meditações para Você Viver de Forma Autêntica e Plena

Tradução
Euclides Luiz Calloni

Editora
Pensamento
SÃO PAULO

Título do original: *The Doors of Joy*.
Copyright do texto © 2014 Daniel Odier.
Publicado mediante acordo com Montse Cortazar Literary Agency (www.montsecortazar.com).
Copyright da edição brasileira © 2019 Editora Pensamento-Cultrix Ltda.
1ª edição 2019.

Todos os direitos reservados. Nenhuma parte deste livro pode ser reproduzida ou usada de qualquer forma ou por qualquer meio, eletrônico ou mecânico, inclusive fotocópias, gravações ou sistema de armazenamento em banco de dados, sem permissão por escrito, exceto nos casos de trechos curtos citados em resenhas críticas ou artigos de revista.

A Editora Pensamento não se responsabiliza por eventuais mudanças ocorridas nos endereços convencionais ou eletrônicos citados neste livro.

Editor: Adilson Silva Ramachandra
Gerente editorial: Roseli de S. Ferraz
Produção editorial: Indiara Faria Kayo
Editoração eletrônica: Join Bureau

Dados Internacionais de Catalogação na Publicação (CIP)
(Câmara Brasileira do Livro, SP, Brasil)

Odier, Daniel
　　Abra as portas da felicidade: 19 meditações para você viver de forma autêntica e plena / Daniel Odier; tradução Euclides Luiz Calloni. – São Paulo: Cultrix, 2019.

　　Título original: The doors of joy.
　　ISBN 978-85-315-2064-8

　　1. Felicidade 2. Meditação 3. Zen-budismo I. Título.

19-25522　　　　　　　　　　　　　　　　　　　　　　　　CDD-294.3927

Índices para catálogo sistemático:
1. Zen-budismo: Meditações　　294.3927
Cibele Maria Dias – Bibliotecária – CRB-8/9427

Direitos de tradução para o Brasil adquiridos com exclusividade pela
EDITORA PENSAMENTO-CULTRIX LTDA., que se reserva a propriedade literária desta tradução.
Rua Dr. Mário Vicente, 368 – 04270-000 – São Paulo – SP
Fone: (11) 2066-9000
http://www.editorapensamento.com.br
E-mail: atendimento@editorapensamento.com.br
Foi feito o depósito legal.

Sumário

Prefácio		7
1.	Alegria no Centro de Tudo	13
2.	Alegria Orgânica	19
3.	Cultivo do Silêncio Interior	27
4.	Abandono das Certezas	33
5.	Temos de Fato uma Escolha?	39
6.	A Busca da Verdade	47
7.	Espontaneidade e Medo	51

8. A Ilusão da Mudança 59

9. A Força do Desejo 65

10. O que é Real? 71

11. Pensamentos, Emoções e Sensações 77

12. Intensificando a Presença no Mundo 83

13. Alegria, Rumo a uma Maior Perfeição 93

14. Equilíbrio entre Piloto Automático e Consciência 101

15. Alegria Criadora 109

16. A Reintegração do Caos 117

17. Consciência 125

18. Amor 133

19. Corpo e Mente 141

Prefácio

Nos últimos vinte anos, ensinei na Europa, nos Estados Unidos e na América do Sul. Aos poucos, fui percebendo que, embora o ensino devesse ser fator de libertação, na prática consistia apenas em apresentar uma teoria do mundo envolta em embalagens atraentes, resultando tão somente em novos grilhões destinados a prender os seres humanos em um universo fechado.

Descobri o Zen aos 15 anos de idade através dos escritos extraordinários de D. T. Suzuki. Daí em diante, senti o vigor iconoclasta dos antigos mestres chineses que promoviam o total descondicionamento com relação a qualquer crença, inclusive o budismo. Mas eu ainda era muito jovem para renunciar a um sistema ideal que me permitiria alcançar a paz interior.

Mais tarde, participei da primeira onda de desbravadores ocidentais que esperavam descobrir a sabedoria nos caminhos da Índia. Encontrei Dzogchen, personificado em Dudjom Rinpoche e Chatral Rinpoche, o Vignan Bhairav Tantra, graças ao yogue chinês C. M. Chen e, finalmente, o Vajrayana ensinado por aquele que se tornaria meu mestre, Kalu Rinpoche. Segui esse caminho por sete anos e aprendi muito com esse magnífico ser humano que irradiava o amor total. Aos poucos, o universo mágico dos tibetanos foi se distanciando cada vez mais do pensamento ocidental e eu me voltei para o Shaivismo da Caxemira, cuja filosofia, despojada de quaisquer marcas culturais, tocou-me profundamente.

Conheci então Lalita Devi, yogue eremita que me transmitiu as formas de yoga Spanda e Pratyabhijna. Sua perspectiva penetrante e profunda dirigia-se diretamente à essência, evitando todas as armadilhas espirituais. Ela sabia como trazer os condicionamentos à tona; lançando luz sobre os medos, ela nos obrigava a não ter medo; promovendo o acesso à espontaneidade, destruía as aparências. A abordagem de Lalita era diferente daquela a que eu estava habituado: tratava-se de uma iniciação ao ascetismo, de uma renúncia a todas as fixações. O objetivo era levar o buscador a se tornar um ser humano novamente, a estar totalmente aberto ao mundo, vivo e pleno de desejo e paixão, sem a menor pretensão de ser outra coisa além de espontâneo.

Depois que nos afastamos, e dada a probabilidade de nunca mais voltar a encontrá-la, tornei a sentir a atração do Zen e entrei em várias comunidades para aprofundar essa prática. Tive então a oportunidade de observar que a adesão a crenças e regras limita a consciência. Dei-me conta de que os sistemas começavam a se reconstruir dentro de mim e que essa busca constante impedia uma libertação verdadeira. A conformidade e o puritanismo desses círculos espirituais sempre se mostravam demasiado "religiosos" para mim. Faltava um ingrediente essencial: alegria.

Ensinando, pude constatar como era difícil para mim não construir sistemas semelhantes aos que me haviam limitado durante as minhas buscas. Pude ver que meus alunos aderiam inevitavelmente à tendência que todos nós temos de construir limitações conceituais para dar mais valor ao nosso conhecimento e experiência.

Com o tempo, à medida que me aproximava do Ch'an (Zen chinês) e da essência do Shaivismo da Caxemira, tornei-me cada vez mais iconoclasta e me transformei em um anarquista espiritual cuja única aspiração era alcançar uma liberdade autêntica, abandonando o caminho que eu sempre seguira. Com frequência eu lembrava as palavras de Públio Terêncio Afro: "Sou homem, nada do que é humano me é estranho".

Parecia-me sempre mais evidente que era essencial evitar todas as limitações e que a alegria era a única coisa natural a alcançar. O discurso espiritual me parecia uma armadilha fatal. O fato de passar tanto tempo com os antigos mestres chineses da dinastia Tang me expôs mais e mais a essa liberdade bizarra.

Em 2005, fui à China para conhecer Jing Hui, o único sucessor vivo do emblemático mestre do século XX, Hsu Yun, e nele vi a encarnação da liberdade dos antigos filósofos. Tornei-me seu discípulo, até ser por fim ordenado mestre Ch'an.

Desde então, livre de todos os apegos, dedico-me exclusivamente a ajudar aqueles que encontro a alcançarem a espontaneidade, a alegria e a liberdade.

1.
Alegria no Centro de Tudo

A alegria ocupa um lugar central nesta busca do absoluto que é a razão de ser da vida em seu todo. Não podemos compará-la ao prazer ou à felicidade, pois estes dependem de circunstâncias externas e são efêmeros. A alegria está no âmago de toda busca, e é o sinal mais evidente de que a pessoa alcançou a harmonia que deriva de suas práticas filosóficas, artísticas e espirituais.

Particularmente especial com relação à alegria é o fato de que, como tudo o que é essencial, sempre podemos tornar a encontrá-la. Nascemos com esse dom, mas o negligenciamos e preterimos em favor de prazeres mais transitórios. As decepções causadas pelos prazeres fugazes e os conceitos superficiais de felicidade nos fazem esquecer a alegria, que precisa de uma criatividade constante para florescer.

Quando encontramos uma pessoa alegre, observamos que a alegria independe de qualquer fator externo; ela viceja alheia às circunstâncias externas e, apesar de oscilar, nada consegue destruí-la. A alegria se opõe à melancolia, com sua falta de conexão com as circunstâncias da vida. Tanto a pessoa alegre como a melancólica não precisam de elementos positivos ou negativos para determinar seu estado.

Poder-se-ia então imaginar de onde procede essa independência? A alegria assume uma profusão de conexões, uma abundância de fatores que neutralizam a nocividade da decepção ou da tristeza; ela se encontra no centro de uma efervescência de felicidade. A alegria está ligada à nossa presença no mundo, dela decorrendo diretamente. Para redescobrir a alegria, precisamos reencontrar ou desenvolver a nossa capacidade de abarcar o espaço mais amplo da realidade à nossa disposição. A alegria exige prática. Ela também enfrenta inúmeros obstáculos que podem ser superados um após o outro, desde que tenhamos intuição e uma percepção clara do que são.

A alegria restaura uma inocência que procede de uma sabedoria estranha: uma experiência da vida em todas as suas dimensões. Essa inocência não é ignorância do trágico; pelo contrário, é uma percepção lúcida dessa dinâmica humana. Poderíamos até dizer que esse elemento é inseparável da alegria. Sem esse equilíbrio, a alegria ainda seria um bem frágil controlado pelas circunstâncias.

A alegria verdadeira é um espaço em que tudo pode se manifestar, uma exibição permanente de fogos de artifício que não danifica o céu, mas nos permite descobrir que ele é ilimitado. A alegria não tolera meios-termos. Não podemos ser parcialmente alegres. Quando não envolve o ser todo, a alegria é apenas uma das máscaras da felicidade. Alegria implica criatividade e coragem para libertar-nos de muitos dos nossos próprios conceitos e condicionamentos. Podemos ter acesso a ela apenas através de um destemor incondicional.

Exame da Alegria

Quando vivo um momento de alegria, eu me reconecto a outros momentos alegres e à fonte da alegria?

A fonte da alegria parece depender de um objeto ou é um sentimento mais profundo, inato e independente?

A minha alegria depende da minha presença no mundo? Ela aumenta nos momentos em que estou totalmente presente ou diminui quando estou distraído ou perturbado?

Tenho a impressão de que a alegria é condicional, dependendo da intensidade das experiências presentes ou ela me impregna inteiramente sem qualquer razão aparente?

Se eu fizesse uma lista de acontecimentos que despertam alegria em mim, o que eu incluiria nessa lista?

Nessa mesma lista, quantos eventos dependem de outros?

2.
Alegria Orgânica

A alegria mais simples, básica e essencial é a alegria orgânica. Esta é a primeira emoção que o bebê sente, mas rapidamente se dissipa devido a influências externas e à angústia que invade o recém-nascido logo após o parto. Essa alegria orgânica manifesta-se com intensidade durante a adolescência e a intervalos casuais mais tarde.

As religiões negam e depreciam o corpo, pois o veem como um obstáculo à pureza absoluta, contribuindo assim para envenenar a nossa percepção da alegria orgânica. O corpo se torna tenso, limita a própria experiência do mundo, desenvolve a sensação de que é irremediavelmente defeituoso e que deve ser sacrificado para benefício da mente. Aos poucos, através da dor, o corpo aprende a se sentir vivo, dando-nos pelo menos um sinal: eu sofro, logo estou vivo.

O primeiro passo para estimular a alegria consiste em restabelecer o vínculo com o corpo, aceitá-lo e reconhecer seu direito inalienável à vida; isto é, sermos corajosos e determinados a realizar a nossa natureza. Preceitos morais se apresentarão como uma série de obstáculos sutis, havendo necessidade de decifrá-los e esclarecê-los. Precisamos prestar atenção à voz interior que tenta insistentemente impedir a comunicação do corpo com o que é real. De onde ressoa essa voz segundo a qual não temos o direito de estar vivos? Será a voz dos nossos pais, dos nossos professores ou do clero – pessoas com quem convivemos? Ou seria ela a manifestação dos nossos medos mais profundos de viver a vida em sua plenitude? Tratar-se-ia talvez da famosa pulsão de morte que nos acompanha ao longo da vida? Quanto mais ouvirmos essa voz, mais perceberemos o seu absurdo. Essa é a voz do diálogo interior, a nossa própria voz, e por isso podemos mantê-la em silêncio. O que dá sentido à vida é a aceitação de que estamos plenamente vivos. Então, quando a morte chegar, não nos arrependeremos de não ter vivido em plenitude.

Depois de dar esse primeiro passo, de conferir a nós mesmos o pleno direito à vida, compreenderemos que o nosso corpo e a nossa capacidade de sentir a pulsação da vida e as nossas emoções estiveram anestesiados por longos anos de privação sensorial, mental e emocional. Descobriremos então que aderimos à ilusão de uma segurança frágil, pronta a explodir ao mais leve choque.

Em nossa caminhada rumo à alegria, precisamos primeiro abandonar a própria noção de segurança. A vida é bela na medida em que é perigosa. Lembro-me de ter visto certa vez uma adolescente que exibia orgulhosamente uma camiseta que ela mesma havia pintado com as palavras: "O que não me assusta não me interessa". Lembremo-nos dessa coragem para começar a sentir alegria orgânica.

Nosso corpo é um instrumento maravilhoso e esquivo. Ele é capaz de nos guiar em nossas decisões com precisão e agilidade, graças ao seu imediatismo. O corpo só conhece duas palavras: sim e não. Ele desconhece a hesitação ou a indecisão. A sua maneira de dizer sim é abrir-se; a de dizer não é fechar-se. Essa mensagem direta manifesta-se em menos de um segundo, enquanto o cérebro ainda fica refletindo, vasculhando o passado, analisando estatísticas, avaliando riscos de fracasso, apenas para terminar depois de muitos minutos, até horas, propondo uma solução mais prudente que com toda probabilidade adotamos. Deixemos que o nosso corpo opere em seu modo rápido e confiemos nele para desbloquear a mente. Esse é o nosso primeiro exercício na direção da alegria. Teremos medo! Teremos a impressão de estar agindo de maneira insana! Aos poucos, descobriremos o prazer fundamental de nos ter reconectado com o nosso corpo.

Ao confiar no corpo, desenvolveremos rapidamente nossa capacidade de capturar o que é real. Nossa vida se tornará menos previsível, tanto para nós mesmos quanto para os outros. Ficaremos maravilhados com a precisão de nossas respostas corporais e progressivamente passaremos a gracejar da ineficaz complexidade dos nossos processos mentais. Reservemos a nossa mente para todas as coisas maravilhosas que ela pode fazer e propiciemos-lhe momentos de descanso. Depois de forçá-la a trabalhar por dezesseis horas diárias ininterruptas, ela realmente merece um tempo de folga. Grande parte do estresse e cansaço que nos limita decorre do discurso constante e incessante que nos mantém rumorejando dia e noite. O corpo só consegue relaxar quando há silêncio. Estamos acostumados a colocá-lo em estado de estupor recorrendo ao álcool, a drogas, a imagens e sons, quando o que ele simplesmente precisa é beber na refrescante fonte do silêncio.

Aos poucos passaremos a apreciar o silêncio da nossa mente, deixando de impor os medos e os limites que ela cria ao analisar o passado. A alegria orgânica exige que a mente seja serena e tranquila. A mente tem sido de grande ajuda até o momento, mas nós a submetemos a uma carga pesada de trabalhos forçados. Como qualquer outro trabalhador, ela merece períodos de descanso. Não há um sindicato que proteja a mente. Então deixemos de exercer uma ditadura interna antes de nos revoltarmos contra a externa.

Perguntas para o Corpo

Quais foram hoje os momentos de profunda satisfação, de prazer ou de alegria? Existe diferença entre esses momentos de satisfação e esses sentimentos de prazer e alegria?

Qual é a relação entre o ato de relaxar a respiração e as minhas sensações internas?

Na inalação, eu relaxo ou contraio os músculos profundos do abdômen, localizados logo acima do osso púbico?

Como um bebê respira? Como um animal respira? Expandindo ou retraindo o estômago ao inalar? Qual é a respiração natural?

Estar presente depende do relaxamento da respiração. O que aconteceria se eu tentasse estar consciente da minha respiração vinte ou trinta vezes por dia, por quinze a vinte segundos?

Depois de vários dias de prática, a minha presença no mundo começaria a mudar?

3.

Cultivo do Silêncio Interior

Como cultivamos o silêncio que possibilita o florescimento da alegria orgânica? Observando atentamente a atividade do nosso discurso interno e tornando-nos conscientes da sua incessante repetição. Sabemos distanciar-nos das tolices da vida cotidiana, mas por que somos tão ineptos em evitar a tagarelice interior sempre previsível e enfadonha? É deprimente ouvir essa voz. Chegaremos a entender que estamos sob o total domínio dessa expressão de medo.

É fácil diagnosticar o medo. Ele está diretamente ligado às nossas manifestações de esperança. Quanto mais esperança temos, mais tememos. A esperança é um medo que se desestruturou. Ela significa falta de presença no mundo, ausência de alegria, tentativa contínua de alcançar a felicidade. Como o infinito não se conecta conosco, raramente recebemos o que desejamos, daí decorrendo a nossa constante frustração. Almejando incessantemente a beleza, na expectativa de uma felicidade imaginada, tornamo-nos cegos às maravilhas que nos rodeiam.

Assim que o nosso corpo adquire consciência, descobrimos que nada nos falta daquilo que imaginamos precisar. As manifestações de beleza do dia a dia são suficientes para nos trazer alegria. Nós temos um corpo! Ele é capaz de se movimentar, sentir, degustar, ver, ouvir e inalar os incontáveis aromas do mundo. Ele também pode dormir, acordar, sentir a água acariciando a pele; pode comer, beber, caminhar, olhar para o céu, tocar outros seres humanos, fazer amor, mergulhar profundamente nos olhos de outra pessoa, ouvir música, observar um botão abrindo-se. As sensações físicas também podem passar externamente da pele para os órgãos internos. Podemos sentir a plenitude do fluxo e refluxo do sangue e de outros líquidos. Podemos apreciar e desfrutar a nossa respiração, controlá-la, torná-la mais profunda, em consonância com as nossas emoções. Podemos sentir o movimento do diafragma, misturando a energia das partes inferior e superior do corpo. Podemos sentir a nossa língua, soltá-la; admirarmo-nos com os lampejos cintilantes nos nossos olhos com a estimulação da glândula pineal. O relaxamento da língua é essencial para o relaxamento da cabeça inteira.

Quanto mais atentos estivermos ao que acontece em nosso interior, mais a nossa mente será agraciada com um merecido silêncio. Ela então estará nas suas melhores condições para operar com eficiência quando realmente precisarmos dela: viva e renovada, precisa e criativa. Sobrecarregada, dificilmente terá possibilidades de oferecer um serviço de qualidade.

Nosso corpo é capaz de sentir a palpitação da vida; ele pode ser estimulado e despertado para a experiência de uma sensação de encantamento, de assombro, o sinal mais seguro de um retorno à alegria orgânica.

Perguntas para a Mente

O que eu percebo quando observo a relação entre o discurso interno da minha mente e as minhas emoções mais frequentes? Tenho consciência da minha presença física?

Em momentos de fortes emoções, ao tomar consciência das sensações do meu corpo, o que acontece? O que evito aprender com essa experiência?

Quando confidencio uma emoção a um amigo, qual a participação da criatividade na minha história?

Depois de compartilhar essa emoção diversas vezes, eu aumento a complexidade da história, acrescentando detalhes que estavam ausentes na primeira vez?

À medida que me conscientizo dos aspectos narrativos de uma emoção, eu revivo a sensação, que é o percurso da emoção no meu corpo? Tenho consciência da tensão e do relaxamento dos meus músculos?

Qual é o caminho de uma emoção no meu corpo? Quais são os pontos sensíveis no meu corpo que reagem a diferentes emoções?

O fato de me concentrar apenas no que sinto me ajuda a dar menos atenção à emoção e à sua descrição?

4.
Abandono das Certezas

Serão as crenças, dogmas e certezas maneiras eficientes de enfrentar a realidade? Considerando que a realidade é fluida, a impressão é que a rigidez dos nossos conceitos pode nos causar muitos problemas de adequação. Com essa atitude rígida, defrontamo-nos com uma contracorrente que ignora a existência de outros possíveis sistemas. Nossas certezas são arrastadas por uma torrente tempestuosa. Nossa falta de flexibilidade nos põe em conflito permanente com a realidade.

O cultivo da alegria é diretamente proporcional ao abandono dos nossos conceitos do mundo. Por que nos agarramos tão obstinadamente às nossas estruturas rígidas? Desde que inventamos a linguagem, fomos alimentados pela certeza de que um sistema do mundo é essencial para o nosso equilíbrio e felicidade. Quanto mais rígidas se tornam as nossas certezas, mais e maiores os nossos problemas com uma realidade que se recusa a fazer parte dos nossos planos.

Ao contrário, não deveria o bom senso conduzir à redução do peso dessa maquinaria mental? Esse é um dos ensinamentos centrais do Zen Chinês: abandonar toda concepção mundana e entrar plenamente na realidade. Essa é a chave para a liberdade e a criatividade. E também para a alegria. Quando você renuncia à ideia de ter um conceito do mundo, não há problema em lidar com a realidade, uma vez que não há formação mental que lhe dê um sinal de que a realidade deve ser diferente do que é.

Como podemos nos desembaraçar dos nossos conceitos rígidos do mundo? Precisamos examinar cuidadosamente como nossos conceitos criam interferências e então observar como essas interferências se transformam em conflitos que não conseguimos resolver e como sobrecarregam a nossa vida, a nossa falta de satisfação e as nossas frustrações. Examinando atentamente o nosso modo de ser e agir, descobrimos como tudo isso é inútil. Ao perceber claramente que essa situação retarda a nossa vida e que nos retraímos, deixaremos de desafiar a realidade com tantos conceitos e perceberemos imediatamente mais fluidez no nosso comportamento.

Essa aceitação da criatividade da vida é muito estimulante dos pontos de vista mental, emocional e físico. Ela nos permite descobrir que cada experiência nos reserva uma lição imediata a ser aprendida, mesmo que lhe demos um rótulo negativo. Observamos também que nenhuma experiência é totalmente negativa. Algo positivo sempre surge, mesmo nas circunstâncias mais catastróficas. Fukushima foi uma calamidade humana e ecológica, mas não podemos negar que ela favoreceu o despertar de uma consciência aguda do perigo da energia nuclear e orientou a tendência de alguns governos, como os da Alemanha e da Suíça, em direção a uma política de desarmamento nuclear.

O rompimento de um relacionamento amoroso pode causar um sofrimento pessoal intenso, ao mesmo tempo que possibilita o surgimento de uma grande renovação e de uma independência recém-descoberta.

Os homens acreditam em alguma coisa para esquecer quem são. Eles se afundam em ideais, se abrigam em ídolos e passam o tempo reforçando crenças. Nada os ameaçaria mais do que se defrontarem com uma existência pura que aniquilasse sua autodecepção prazerosa.

CIORAN

Examinando Crenças e Certezas

Se eu fizesse uma lista de tudo o que compõe a estrutura essencial da minha vida — dogmas, crenças e certezas — o que ela revelaria?

Considerando cada um desses componentes e relacionando-os com o meu modo de agir na vida, eu diria que me ajudaram a ser mais coerente e mais autêntico?

Ou essa lista contém elementos que criam distanciamento e separação de outras pessoas?

A minha capacidade de ouvir os outros muda quando não tenho informações precisas sobre o assunto?

Em um encontro, um jantar ou um momento de convivência, quanto tempo as pessoas passam defendendo conceitos?

Fico chateado e preocupado quando alguém discorda das minhas ideias? Preciso convencer essa pessoa?

Consigo imaginar que as ideias dessa pessoa podem ser tão defensáveis quanto as minhas?

Caso eu abandone o meu ponto de vista, o que muda na relação e na sensação do meu corpo?

5.
Temos de Fato uma Escolha?

Seguir o fluxo da vida não inibe a ação. Muito pelo contrário, mas essa afirmação levanta um problema fundamental sobre a escolha: temos de fato uma escolha? Um dos principais conceitos da nossa cultura é o do livre-arbítrio. Para metade do mundo, liberdade significa liberdade de escolha. Para a outra metade, liberdade é ausência de escolha. Que conceito adotar para sentir liberdade?

A crença em uma teoria complica a questão. Velho comparado a novo implica oposição, tanto no Oriente como no Ocidente. Para simplificar, imaginemos uma situação em que temos certeza de que fizemos uma escolha. Tomemos um exemplo simples: a ruptura de um relacionamento amoroso. Quando decidimos deixar o outro? Quando fizemos as malas? Vários meses antes? Depois de acumular diferenças e decepções ou explosões emocionais? Quando tivemos a primeira ideia de uma separação? Quando a imagem verdadeira que havíamos projetado tornou-se demasiado real? Manifestou-se alguma intuição que ignoramos quando nos conhecemos? Até que ponto nosso desejo de separação é condicionado por relacionamentos amorosos passados? Existe alguma relação com as feridas emocionais da infância e da adolescência? Com o medo do abandono? Com o choque da separação durante a experiência do nascimento?

Aprofundando esse exame, descobriremos que não conseguimos localizar o momento da escolha, quer para os grandes momentos da vida, quer para as decisões mais simples. O que me leva a adoçar o café esta manhã, quando em geral não faço isso? Em cada situação, temos de voltar ao início da vida.

A ideia de que não temos escolha se baseia na interconexão de todas as coisas. Uma vez que tudo está conectado, tudo exerce influência sobre o todo e o condiciona. Somos arrastados por um gigantesco redemoinho e impelidos ao desconhecido a cada instante. Onde então haveria espaço para uma escolha pessoal?

A ausência de escolha elimina a culpa, a nossa e a dos outros. Não podemos mais considerar a outra pessoa responsável por nossa dor. Ela é pressionada por uma força muito maior do que sua própria pessoa ou a nossa. Por isso, existe liberdade absoluta. Esse conceito, no entanto, é inútil, e só levaria a mais conflitos internos. Assim, o que podemos fazer?

Observe a realidade, preste bem atenção aos acontecimentos, siga com o fluxo das coisas, e pare de desperdiçar suas energias lutando contra o movimento natural da vida. Uma alegria profunda emerge desse ato de entrega. Não conseguiremos mais fingir que estamos no controle, que podemos impor a nossa vontade. Então nos tornaremos sensíveis à criatividade que se desvela dentro de nós. Dedicamo-nos ao que está presente em vez de nos ater ao que está ausente.

Questionando as Nossas Escolhas

Tome algo simples, a escolha de um restaurante, por exemplo. Procure se lembrar do momento em que decidiu pedir peixe ou carne, uma sobremesa, um café ou um chá. Foi ao consultar o cardápio ou ao evocar preferências alimentares anteriores?

Você precisa relembrar a sua infância para encontrar a fonte das suas escolhas?

*Se uma das suas escolhas está condicionada,
o que dizer das demais?*

Pense em uma das suas rupturas românticas: o momento em que resolveu deixar seu parceiro. Até que ponto no passado você precisa retroceder?

Se você acredita que todas as ações resultam de um número infinito de eventos dos quais você não tem a menor consciência, você escolheu verdadeiramente ou agiu levado por essas condições constantes e indecifráveis?

Se você não escolheu, como pode se sentir orgulhoso ou culpado com relação a uma ação?

Se os opostos se harmonizam no nível cósmico, as ações não são todas perfeitas?

Identifique um evento bem negativo e examine se ele deu origem a algo positivo.

Faça a mesma coisa com um evento positivo.

6.

A Busca da Verdade

Passamos uma parte importante da nossa vida buscando a verdade. Mas qual verdade? Aquela que as pessoas procuram impor-nos por meio da educação, da moralidade, da religião, de práticas espirituais? Ou a que descobrimos por nós mesmos? A verdade existe? Se existisse, ela se apresentaria como algo incondicional que ninguém conseguiria contradizer. Rapidamente nos damos conta de que, seja qual for a nossa verdade, os que acreditam em diferentes verdades logo a atacarão. Nossos esforços para criar um sistema sólido e incontestável são inúteis. Nenhuma fortaleza mental consegue resistir por muito tempo.

Nós nos cansamos de procurar. Nós nos cansamos de defender. Não existe outro caminho que coincida com a alegria?

Huang Po, um conhecido mestre Ch'an do século IX, vai direto ao cerne da questão, citando um de seus ilustres predecessores: "É inútil procurar a verdade; a única coisa necessária é não alimentar opiniões sobre ela". Toda opinião envolve uma visão parcial. Quando desistimos dessa visão, o corpo-espírito se acalma e relaxa, deixando espaço para a alegria. Huang Po acrescenta: "A nossa essência é aberta como o espaço, isso é tudo".

Grande parte da nossa agitação mental decorre do nosso imperioso desejo de encontrar a verdade. É como se tentássemos isolar uma estrela no céu para conferir-lhe o grau de Estrela Absoluta. Obter sabedoria é flutuar: não nos apegar às opiniões alheias, mas também não nos fixar nas nossas. Os pensamentos se tornam mais fluidos, passam sem se incrustar. O corpo olha para eles com a mesma sensação de deslumbramento de quando observa o firmamento. Qualquer tensão mental e física impede a manifestação da alegria. Para revelar-se, a alegria precisa tanto da leveza do espírito como do corpo.

O que Resta quando Abandonamos a Nossa Verdade?

Nos meus relacionamentos com os outros, qual é a parte do meu discurso que tenta impor a minha verdade?

De que forma verdades conflitantes me limitam?

Qual é a relação entre a minha capacidade de ouvir e o abandono das minhas ideias fixas?

O que acontece quando substituo a palavra "verdade" pela palavra "autenticidade"? E se tudo fosse verdade?

7.

Espontaneidade e Medo

A espontaneidade é uma resposta imediata à realidade. Ela implica ter um corpo livre de tensões, respirando naturalmente, e uma mente em paz, sem medo. É difícil alcançá-la. Podemos considerá-la o teste ideal para descobrir até que ponto um ser humano usufrui sua liberdade.

Podemos aplicar esse teste a nós mesmos observando a nossa capacidade de responder imediatamente à vida em toda a sua imprevisibilidade. Seres espontâneos removeram de si as diferentes máscaras que lhes foram impostas e também as que eles mesmos criaram para si.

Hesitação denota confusão. Aqui, novamente, precisamos confiar em nosso corpo por sua capacidade de fornecer uma resposta sim/não rápida às situações. O corpo não consegue dizer "talvez" ou "vamos ver". Ele reage imediatamente, abrindo-se ou fechando-se.

A mente, porém, necessita de um lapso de tempo considerável para chegar a uma conclusão e pôr-se em ação. A força de sua hesitação é por vezes tão grande a ponto de nos convencer a esperar e não fazer nada. O discurso interno cria e sustenta esse medo, apresentando-nos todas as possibilidades negativas que precisamos considerar antes de agir. Com o tempo, tornamo-nos seres humanos assustados que esperam que outros ou a vida nos instiguem à ação.

O medo provém do nosso discurso interno. Quando a mente está quieta, o que resta é apenas um medo instintivo que pode ajudar a salvar a nossa vida; é uma resposta direta do corpo.

O medo que nos interessa aqui é o psicológico, aquele que criamos sempre que enfrentamos um momento inesperado na vida. Esse medo nos fala, nos condiciona e se desenvolve ainda mais graças ao nosso incessante discurso interno. Podemos ouvi-lo e desmontar sua composição do mesmo modo que desmontamos as engrenagens de um relógio e o vemos decompor-se gradativamente à medida que o observamos ao longo do tempo.

O medo tem um corpo. Quando nos damos conta de que somos nós mesmos que criamos as nossas ansiedades, aos poucos podemos chegar ao silêncio que promove a espontaneidade. Quanto maior a espontaneidade, maior a alegria. É uma alegria fundamental, decorrente da nossa liberdade de agir sem precisar de motivos especiais, uma vez que a beleza do mundo e das pessoas se manifesta naturalmente na espontaneidade. Podemos então nos relacionar com uma multiplicidade de elementos que nos encantam, sem necessidade de possuí-los.

Essa alegria é um prazer incondicional na beleza de estar vivo e de apreciar a inspiração infinita da realidade como um espelho da nossa própria criatividade.

De que Tenho Medo?

Faça uma lista dos seus medos.

É possível reduzir esses medos a apenas um?

Não é o medo de um espaço ilimitado que está na origem de todos os medos secundários?

*De quanto tempo preciso para reagir a circunstâncias
inesperadas? Durante esse decurso de tempo,
como a mente se comporta?*

*Consigo observar algum conflito entre a reação
do corpo e a da mente?*

Qual dessas reações é a mais imediata?

A repressão da espontaneidade é um medo social?

Num momento de espontaneidade, cheguei a ele porque confio imediatamente no meu corpo ou na minha mente?

Aumentando a minha capacidade de ser espontâneo, consigo também pensar mais rapidamente?

Existe diferença entre o meu corpo, a minha mente e as minhas emoções?

8.

A Ilusão da Mudança

A ideia de que a mudança é necessária é uma ilusão. Desde o nascimento, estamos condicionados a adotar as atitudes convencionais que ajudarão a nos tornar seres humanos socialmente aceitáveis, potencialmente dignos de afeto, admiração e amor. Rapidamente nos acostumamos a um sistema que favorece a aparência acima da autenticidade. A mensagem que recebemos constantemente dos nossos pais, professores e companheiros íntimos é simples: "Você seria melhor se fosse outra pessoa". Essa crítica constante nos impele a fingir ser o que não somos para poder ter um pouco de paz. Compramos livros sobre "como ser". Seguimos métodos, tentamos esconder as nossas inadequações dos outros e logo a nossa própria censura se torna mais severa do que a dos nossos censores externos.

Quando por fim alcançamos o objetivo, tornamo-nos objeto de admiração por ser alguém que não somos. Consolamo-nos com o fato de que não somos os únicos que mentem. Casualmente, damos a essa realidade o nome de "jogo social", mas esse jogo só nos distancia ainda mais de quem somos, a ponto até de esquecer quem somos. Com a ajuda de um terapeuta, tentamos nos reencontrar para poder redescobrir nosso eu verdadeiro.

Um dia, depois de abandonar os vários métodos de "mudança", começamos a ter um vislumbre de outro aspecto da mudança, uma mudança que não é uma fuga para a *persona* fabricada que acreditamos ser, mas que nos permite retornar às origens de quem somos realmente. Desenvolvemos uma ternura especial por esse ser reprimido, mas vibrante. Deixando a máscara cair, descobrimos até que ponto o nosso eu autêntico foi privado de expressão.

Essa volta ao eu autêntico assinala um passo decisivo para a alegria. Esse ser que esteve presente o tempo todo está simplesmente esperando ser reconhecido e amado por quem ele é. Ele pede para ser aceito em sua totalidade, com seu lado sombra e com seu lado luz, com seu bom senso, sua loucura, seus excessos e também sua criatividade, que irá se desenvolver progressivamente à medida que reconhecermos o verdadeiro "ele". Quanto mais ele aceitar quem ele é, mais criativo será. Essa longa jornada de volta a si mesmo é a única mudança que faz sentido. Sem ela, o acesso à alegria fica bloqueado por uma imagem de si mesmo que é falsa e ilusória.

Podemos sentir certo medo no momento em que o nosso ser verdadeiro emerge, sem perceber como esse novo estado é contagioso. É possível que os que nos são próximos fiquem chocados no início, mas parece improvável que impeçam que sua própria autenticidade venha à tona. Esse aflorar nos permitirá encontrar os que têm a coragem de ser eles mesmos e que também se permitem aprofundar essa investigação. Mesmo que encontremos obstáculos, o impacto imediato desse processo de exploração será a manifestação de uma alegria a que ninguém consegue permanecer indiferente.

Sou Realmente Diferente Hoje?

Olhe para uma foto de si mesmo quando criança e, ao mesmo tempo, olhe-se no espelho. A aparência é essencialmente a mesma?

Faça uma lista das condições mais importantes a que você foi submetido desde a infância. Quais foram os "valores" recorrentes que as pessoas tentaram impor-lhe?

Que esforços você fez para ser esse outro ser?

Você conseguiu satisfazer aqueles que lhe pediram que mudasse?

O seu fracasso em mudar resultou em frustração, amargura ou em algum sentimento de indignidade?

Você já teve a experiência de perceber seu eu autêntico e de abandonar qualquer ideia de ser outra pessoa, um disfarce, uma máscara social?

Qual a sensação de ter voltado à sua essência?

9.

A Força do Desejo

O desejo é muitas vezes considerado inimigo da harmonia e da paz interior. Exorcizado pelas religiões, ele continua sendo esse remanescente indesejável que nos revolve na crista das ondas, caso não nos livremos dele. O desejo está quase sempre associado a uma fome que aumenta a dificuldade de satisfazê-lo por completo. Spinoza diz que chegamos a um novo entendimento quando o comparamos com a força. Ao observar o desejo, podemos entender o poder dinâmico que ele exerce sobre todo ser humano, mesmo que seja rejeitado, uma renúncia que também se torna uma forma de desejo.

Isso levanta uma questão: em que medida o desejo é essencial para a alegria? É possível mudar a perspectiva de que estamos no centro do universo, fingindo que somos os únicos que possuem consciência. Imaginemos por um momento que a matéria é carregada de consciência e que nos acena a responder aos nossos desejos.

Seremos então animados por movimentos mais leves e seremos tocados por uma certa graça. Não mais uma via de mão única. Tudo é movimento. O mundo vem em direção a mim, eu o recepciono. Perco a supremacia do "eu"; flutuo em uma esfera que me deseja, uma esfera em que cada átomo é impelido a se unir a mim naturalmente. Essa é exatamente a definição de uma alegria que se despiu de toda arrogância. O indivíduo alegre é um ser que é sensível às pirotecnias do que é real; ele se deixa ser transpassado e penetrado pela explosão colorida do que imerge e submerge continuamente. Em vez de ser levado a concentrar-se no desaparecimento de um objeto a distância, esse indivíduo se concentrará no surgimento constante de novas e múltiplas realidades. A alegria nos ajuda a descobrir esse desejo aberto absolutamente diferente de um processo em que investimos toda a nossa esperança em um objeto, limitando assim a alegria.

O poder da imaginação atinge sua intensidade máxima no desejo. Deixemos que ela funcione, pois é um antegozo de mais descobertas a fazer. Deixe que esse processo se desenvolva, sem pressa, apreciando plenamente as imagens que formamos. Imaginemos o sabor da fruta antes de colocá-la na boca. Essa apreensão do processo dinâmico dissolve o vínculo fatal do desejo e da posse e nos mostra que a posse mais deliciosa é dar tempo à imaginação. Se o objeto então nos escapasse, não sentiríamos nenhuma frustração, pois já o teríamos desfrutado plenamente.

Esse modo de explorar o desejo nos mostra que existem duas experiências dinâmicas nesse movimento: o primeiro investe energia total em um único objeto e em seguida entra em depressão por não possuí-lo ou perdê-lo. O segundo funciona como um feixe que permanece sempre em contato com a multiplicidade. Esse tipo de desejo não conhece a frustração. Está satisfeito no momento em que surge. Pode-se dizer que é o desejo do filósofo, um desejo que não envolve estresse ou tensão, um desejo na forma de um espaço que inclui o mundo em sua totalidade frágil.

À medida que continuamos a observar como desejamos, podemos também descobrir que por trás de cada anseio esconde-se um desejo maior e secreto de encontrar o eu autêntico e livre; este aos poucos se separa do seu condicionamento e medos passados e é capaz de explorar a vida com paixão.

Quais São os meus Desejos mais Fortes?

Se as pessoas não me dão uma determinada satisfação, posso alcançá-la sozinho?

❧

Faça uma lista do que você mais deseja no mundo.

❧

Há nessa lista elementos que eu já provei, mas que gostaria de saborear como reais e pelo eu verdadeiro?

❧

*Seria possível integrar todos os meus desejos
em um único desejo?*

Qual seria ele?

A satisfação desse desejo depende de outros desejos?

10.
O que é Real?

Em um dos sutras mais iconoclastas do budismo – o Sutra Vimalakirti –, Vimalakirti, um leigo contemporâneo de Buda, conseguiu abalar os conceitos dos monges mais avançados. Encontramos em seus sutras algumas pérolas do Real, no sentido em que entendemos aqui: "A realidade prescinde de características, pois nada a condiciona". Sengzhao, seu comentador chinês (384-414 d.C.), acrescenta: "Nenhuma consideração mental a condiciona, nem a sombra de uma representação, nem o eco de um pensamento. As características se revelam à medida que os condicionamentos se estabelecem: remova estes e as características desaparecem".

O que nos impede de capturar diretamente o Real e de encontrar alegria imediata quando o conhecemos? O pesado fardo das nossas crenças e certezas. No cerne do Ch'an, encontramos a orientação dos mestres chineses que afirmam ser essencial livrarmo-nos do aparato conceitual para apreender a realidade. Este inclui, naturalmente, os nossos dogmas budistas, como o vazio de tudo. "Nossa escola não tem lema nem dogma a transmitir", afirma Hongzhi. Quanto ao método, é simples: "Limpe a poeira e as manchas do pensamento subjetivo imediatamente. Quando essas são removidas, sua mente será aberta, leve, ilimitada, sem centro nem extremos. Totalmente una, fulgurantemente luminosa, brilhará através do universo, dissolvendo o passado, o presente e o futuro".

Quando tocamos esse brilho, tocamos a alegria. Mas como eliminamos esse filtro conceitual que nos retarda e distorce nossa percepção do que é real? Precisamos de uma consciência clara e constante do nosso funcionamento mental, de uma visão imediata dos nossos apegos habituais, das nossas rejeições e do nosso hábito de sempre estabelecer preconceitos. Nossas opiniões acabam formando uma massa pesada que se interpõe entre a realidade e a percepção que temos dela. Nossa tendência a transformar o menor dos elementos em uma história, a qual aumenta cada vez que a repetimos, acaba criando um filtro que impede que a seiva e a beleza da realidade fluam, e assim compõe uma narrativa sem qualquer feição de uma percepção instintiva. De Bashô:

Ao enfrentar o raio,
sublime é aquele
que nada sabe.

Uma consciência distorcida por nossos emaranhados conceituais nos mostra o absurdo do discurso interno que transforma um conjunto de percepções em um romance barato em que somos os heróis. Nossa capacidade de descrever a realidade se tornará progressivamente obnubilada até que essa neblina desapareça. No futuro, quase não haverá filtro entre consciência e realidade, quase nenhum comentário. Nós nos tornaremos esse espaço que deixa traços de luz e alegria sempre que algo o atravessa.

Realidade Imediata

Procure viver um evento sem dar-lhe nome, descrevê-lo ou compará-lo.

Existe uma diferença perceptível de intensidade no que diz respeito à realidade?

Como a realidade emerge no silêncio interior?

Que sensação ela produz?

O não saber é um obstáculo para a intensidade da sensação?

Como a descrição de uma sensação amortece a intensidade dessa sensação?

Qual é a relação entre silêncio interior e inocência?

Qual é a relação entre inocência e criatividade?

11.

Pensamentos, Emoções e Sensações

Temos a impressão de que pensamentos, emoções e sensações constituem três domínios independentes. Embora seja útil considerá-los como tais ao falar sobre eles, na realidade as relações que os entrelaçam são inumeráveis. Cada momento é formado por milhares de pontes neuronais que comunicam pensamento, emoção e sensação através de todo o nosso corpo. É a velocidade vertiginosa dessas conexões que possibilita a manifestação da alegria quando o nosso sistema não é invadido por devaneio, discriminação e medo – sendo este último causa dos dois primeiros. Um exame cuidadoso revelará de imediato os efeitos do pensamento sobre as emoções. Nosso corpo exterioriza o impacto imediatamente. A cada momento, nosso corpo está exposto a um número infinito de variações climáticas – a circulação sanguínea aumenta, os poros se abrem, os órgãos internos se contraem ou relaxam, os músculos se soltam ou enrijecem, formando uma barreira para conter a emoção.

Dar atenção ao corpo é essencial para ter acesso à consciência do efeito e para acompanhar o impacto de cada pensamento e de cada silêncio. Um pensamento silencioso, isto é, um pensamento livre de qualquer julgamento, relaxa imediatamente o corpo; então, em sintonia com a realidade, a alegria se manifesta instantaneamente nesse corpo. Às vezes, a expressão "mente vazia" pode causar confusão. Ela não significa ausência total de pensamento, mas simplesmente que não há apego ou valor particular atribuído aos pensamentos. Estes atravessam o espaço como um cometa, ou como um voo de aves migratórias, não deixando vestígios, não criando qualquer apropriação nem um segundo sentido.

Na experiência íntima da alegria, não há problemas a resolver nem necessidade de controlar o que quer que seja. O que ocorre é uma desapropriação progressiva, a simplicidade do ser, a inocência recuperada através da magia de estar presente no mundo. Essa presença, reconhecida pelos místicos, artistas e filósofos, é uma operação em duas etapas. A primeira é a concentração em um único objeto. Como resultado, o corpo se acalma, a mente se aquieta, a respiração se estabiliza. Esse prelúdio possibilita à segunda etapa prover-nos a experiência direta do Real. A meditação nos conduz através dessas duas fases, tradicionalmente conhecidas pelos nomes Samatha (tranquilidade) e Vipassana (penetração profunda).

Mas meditação nem sempre envolve assumir uma postura sentada. Ela pode significar uma presença no mundo. Quase todos os mestres Ch'an comentaram com humor e às vezes com uma sinceridade repreensiva que a meditação sentada transforma seus praticantes em sacos de arroz. Eles alertam que permanecer no vazio é uma doença incurável. A meditação não "vai a lugar nenhum"; não procura nada; é desprovida de objeto. Ela se manifesta como uma ausência de conexão. É apenas um espaço em que o Real pode descansar da necessidade de representar qualquer objeto particular. O silêncio interior não surge da meditação; ele é sua própria manifestação e esse silêncio favorece o surgimento da "música". A meditação é um estado de criatividade alerta, de lucidez mental, que exercemos quando nos conectamos com o Real e que encontra sua expressão mais bela na ação. Não há necessidade de se afastar do mundo para tocar plenamente a vida e sentir a liberdade.

Observando Pensamentos, Emoções e Sensações

Já tive alguma experiência físico-espacial?

Quando minha mente está em silêncio, onde estou?

Quando estou em silêncio, há distanciamento entre mim e o mundo?

Qual é o impacto do silêncio sobre meu corpo e minhas percepções?

As emoções emergem mais livremente?

Elas passam por mim como se atravessassem o espaço?

*Elas se depositam no corpo,
como se ele fosse um recipiente?*

*É possível ter uma vida emocional intensa em um
corpo sem limites conceituais?*

*Consigo pensar, sentir e experimentar uma emoção e passar
de uma para outra sem envolver terceiros?*

12.

Intensificando a Presença no Mundo

A presença ocorre espontaneamente quando um objeto ou uma pessoa nos cativa. Toda a nossa atenção se volta então para um único objeto e nós podemos saborear, sentir, ver, ouvir e realmente tocar o que temos diante de nós. Esse prazer da presença nos alimenta, recupera e alegra. Ele é tão intenso que, durante a infância e a adolescência, passamos horas nesse estado de receptividade e curiosidade ao descobrir o mundo. À medida que o tempo passa e nós acumulamos experiência e conhecimento, a curiosidade e o encantamento se desvanecem. Nós já "sabemos", e aos poucos perdemos a capacidade de "estar presente". Sentimos tédio e letargia. Nada nos surpreende. Essa é a condição da maioria dos adultos, que também interpretam a capacidade natural de crianças e adolescentes de estar no presente como tendência à distração.

Esse juízo errôneo nos leva a acreditar que presença significa distração, desviando-nos da experiência direta do mundo, forçando a criança a se adequar às opiniões dos outros.

Se retrocedermos às lembranças mais vívidas da nossa adolescência ou infância, descobriremos que foram momentos de pura presença. Nossa capacidade natural de concentração sobre a novidade nos possibilitou contemplar uma folha, um animal, uma sombra, o céu estrelado, o mar, sem a menor flutuação mental durante longos minutos, horas até, a ponto de esquecermos o próprio nome e às vezes as feições de pessoas próximas. Esses momentos deixaram marcas indeléveis. Se voltássemos a encontrar essas pessoas vinte anos depois, não as reconheceríamos, mas ainda nos lembraríamos da folha, do céu, da libélula que nos encantaram.

Como podemos reviver esse estado de presença? Por meio de uma infinidade de breves incursões pelo Real. Dez ou vinte segundos são suficientes. Precisamos fazer o esforço mínimo de realmente olhar, sentir, tocar um objeto por uma fração de tempo, e então sair do estado de presença e voltar ao estado habitual de distração.

Depois de sair do estado de presença conscientemente algumas vezes, perceberemos com toda clareza que estivemos inconscientemente "ausentes". Essa prática é um tanto frustrante no início, uma vez que nos forçamos a abandonar a presença, mas está ao alcance de todos, pois requer pouco esforço e um período curto de tempo. Ela é muito eficaz para desenvolver a presença por uma razão muito simples: a presença nos traz prazer e nós adoramos o prazer. Esse prazer, repetido várias vezes ao longo do dia, revelará que não existe trivialidade nem repetição na nossa vida diária. Mesmo que tomemos banho todas as manhãs, cada banho é totalmente diferente um do outro. Mesmo que bebamos o mesmo chá nas mesmas canecas, a experiência é nova a cada vez. Essa descoberta nos deixará contentes por estarmos vivos, nos reconectará e dissipará a nossa espera de algum evento que talvez nem mesmo nos traria prazer ou felicidade. Perderemos muito menos tempo fantasiando com objetos que pensamos que nos fariam felizes. E essa é uma boa medida da qualidade da presença, pois ela facilita o desaparecimento da esperança, uma forma de medo e um reconhecimento da nossa incapacidade de estar presente.

A presença também nos permite sair da solidão. Ela gera curiosidade e interesse pelos outros. A presença é uma forma rara de beleza. Todo ser humano é sensível a ela. É como estar apaixonado. Você já notou que quando está apaixonado uma curiosidade e interesse incomuns despertam em você? A presença produz o mesmo impacto. Pode-se dizer que a presença é um estado de amor que não precisa de um objeto único. É uma abertura para as muitas maravilhas do mundo em um silêncio mental radiante.

Teste da Presença

Quando alguém fala, eu presto atenção ou penso na resposta que vou dar?

Durante quantos segundos consigo me concentrar em uma única ação sem que haja interferência da mente: beber chá, tomar banho, comer uma fruta, ouvir uma música, ler uma página de um livro, contemplar alguma paisagem?

Tenho a impressão de que consigo ouvir meu silêncio interior?

Quando alguém faz um comentário desagradável, por quanto tempo fico remoendo as palavras ouvidas?

※

Estou ciente dos movimentos dos meus olhos? Pisco com frequência?

※

Sinto às vezes a minha respiração, o movimento do diafragma, o relaxamento da língua?

※

Quando me deparo com uma situação difícil, eu a enfrento ou procuro me distrair para esquecê-la?

※

Quando alguém me faz uma pergunta ou quando uma ação pede uma reação, quanto tempo demoro para responder ou agir?

As minhas respostas são claras ou denotam falta de espontaneidade?

Tenho a impressão de que saboreio as pequenas coisas da vida ou estou sempre à espera de eventos importantes aos quais atribuo o poder de mudar a minha vida e me trazer felicidade?

Posso dizer que a vida me oferece muito?

Às vezes sinto que meu corpo e minha mente estão em perfeita harmonia?

Quando se contrapõem, qual deles toma a decisão?

Quando sigo meus instintos ou minha intuição, a resposta é mais rápida do que quando estou no meu espaço mental habitual?

Se eu fosse mais espontâneo, eu criaria mais caos ou mais harmonia em torno de mim?

Quem comete mais erros,

a mente ou o corpo?

❦

Quando cometo um erro, por quanto tempo penso sobre ele e qual o tempo de duração dos comentários internos?

❦

Eu me sinto culpado?

❦

Às vezes apenas tomo consciência do meu erro e logo recupero o meu silêncio mental?

❦

Quando sou espontâneo, depois eu me arrependo?

Limito a minha capacidade de viver para evitar machucar os outros?

Se eu relaxasse a minha atenção, a minha liberdade permitiria que outros fossem mais abertos?

13.
Alegria, Rumo a uma Maior Perfeição

Antonio R. Damasio, em seu ensaio "Spinoza Estava Certo", escreveu:

Podemos concordar com Spinoza quando ele diz que a alegria (laetitia, em latim) está associada a uma transição do organismo para uma perfeição maior. Sem dúvida, [assim é] no sentido de maior harmonia funcional e também no sentido de maior poder e liberdade.

Essa harmonia funcional surge de uma profunda aceitação dos nossos processos inconscientes. A aceitação dessa alquimia interna significa que grande parte dos nossos processos internos está diretamente correlacionada à nossa consciência. Nossa consciência se apropria injustamente da ideia de escolha, quando de fato a escolha está totalmente sujeita ao mistério e aos caprichos da mente. O que chamamos de escolha consciente é apenas uma validação tardia de incontáveis operações inconscientes.

Os neurobiologistas afirmam que o cérebro precisa de apenas 23 centésimos de segundo para realizar as operações que precedem a ação e que a parte consciente do cérebro só escolhe o que o inconsciente já escolheu. Isso explica o orgulho desordenado que alardeamos em torno da ideia de escolha. Só então a consciência chega a uma conclusão; nos melhores momentos de espontaneidade, isso acontece sete ou oito segundos depois. Nesse caso, a espontaneidade só seria a aceitação imediata de escolhas inconscientes, sem uma oposição teórica, moral ou social. Poder-se-ia quase dizer que ser espontâneo significa ser inconsciente. Poderíamos nos referir a essa condição como Consciência.

Por sua habilidade em praticar o silêncio mental e a concentração, alguns mestres zen e praticantes de artes marciais conseguem reduzir substancialmente seus tempos de reação em sete ou oito segundos. É essa capacidade que entra em jogo nos encontros formais em que o mestre propõe um *koan* ao discípulo e espera que uma resposta instantânea decida o progresso desse discípulo na prática meditativa.

A história do mestre chinês Xiang Yan, que viveu no século IX, é um bom exemplo. Ele disse ao seu discípulo: "Suponha que esteja se segurando com os dentes num ramo próximo do topo de uma árvore alta e que não pode usar as mãos nem os pés. Um colega se aproxima e lhe pergunta sobre o verdadeiro significado do Zen. Se você não responde, significa que está evitando a questão. Se responde, você cai e morre. O que você faria?"

Mais de um segundo de hesitação é considerado prova de confusão, resultando em retomada imediata da meditação. A beleza dessa prática é que é impossível conceber uma boa resposta. Somente a espontaneidade pode nos salvar e se o aluno é brilhante o bastante para responder, o mestre por certo replicará, a não ser que esteja absolutamente convencido.

Seguindo esse exemplo, e sem necessidade de praticar o Zen ou qualquer outra disciplina, podemos não só testar a nossa capacidade de responder as perguntas que nos são feitas, mas também reagir aos eventos espontâneos na vida que exigem uma resposta imediata. Teremos assim uma visão clara da nossa capacidade de ser seres humanos alertas.

Os Efeitos da Alegria

Quando se sente feliz, você tem a impressão de que deve essa alegria a um evento importante ou sente uma alegria orgânica independente de qualquer fator?

Quando o motivo da alegria desaparece, ela permanece em você?

Qual é o impacto sobre os músculos abdominais e a respiração?

Seu corpo sente uma vibração suave?
Seus músculos faciais relaxam?

*Você tem vontade
de sorrir ou rir?*

*Você pensa em alguma outra coisa que poderia
trazer-lhe satisfação maior?*

Seu ritmo cardíaco diminui?
Você saliva?

*Os sinais são os mesmos de
quando está apaixonado?*

*Você já se sentiu extasiado sem
estar apaixonado por alguém?*

*Você tem a impressão de que o corpo vai além de
seus limites, que se dilata e flutua?*

14.

Equilíbrio entre Piloto Automático e Consciência

É possível tornar-se totalmente consciente? Caso tivéssemos essa possibilidade, nossa consciência provavelmente implodiria, dada a multiplicidade e velocidade dos nossos processos inconscientes. Por outro lado, é possível estar tão ausente a ponto de se passar horas e mesmo dias no piloto automático? Para o nosso melhor bem-estar e o florescimento da alegria, certamente não. Podemos alcançar um equilíbrio entre esses dois extremos e, sem ficar cansados ou tensos, podemos avançar lentamente no território da inconsciência.

Podemos ter acesso à criatividade observando as nossas rotinas diárias. Por que precisamos reagir sempre da mesma maneira às mesmas situações? Por exemplo, o hábito de dizer "não" a tudo o que nos mantém na nossa zona de conforto. Não estamos arriscando nada fazendo isso, uma vez que todos os fatos são conhecidos e estão sob controle. O "não" é o guardião da nossa segurança e o fiador do nosso tédio insuperável. Ele nos dá tempo para nos envolvermos em nossa ocupação favorita, a crítica e a difamação dos outros, da ousadia, erros e loucuras deles.

O problema não é tanto a nossa tendência a repetir as nossas ações, mas o fato de que não temos consciência delas. Um hábito de que temos consciência está perto de ser eliminado. Muitas vezes nos preocupamos com o fato de que os outros nos programam — nossos amigos, amantes ou superiores no mundo do trabalho. Com satisfação os acusamos de dificultar a nossa vida. Observando esse aspecto com mais atenção, descobriremos que somos quase os únicos a impor controles sobre nós mesmos, limitando as possibilidades de mudança e criatividade. Em última análise, os outros apenas jogam com as limitações que lhes revelamos através da frivolidade das nossas ações.

Quanto mais a alegria se consolidar internamente, mais perceberemos que ela é inseparável da liberdade. E quanto mais conscientes nos tornarmos e suprimirmos as nossas rotinas defensivas, mais livres seremos. A alegria também aumenta nossa disposição de assumir riscos e o desejo de nos aventurar em território desconhecido. O corpo se sente imediatamente invadido por um arrepio de excitação, dando a sensação de que tudo está funcionando com total eficácia. O corpo emerge como instrumento vibrante de uma massa estagnada e inerte. Seguimos um novo caminho sem ser perturbados pelos faróis de advertência colocados pelos que temem a realidade. Limpamos o desconhecido, como que com um facão, e as próprias feras selvagens nos observam com espanto. Quem conhece a alegria não cessa de explorar o Real.

Riscos e suas Consequências

Você acredita que assume riscos nos aspectos profissional, emocional e físico da sua vida?

Você se dispõe a avaliar o seu modo de pensar e de fazer as coisas quando alguém lhe mostra formas melhores de pensar e agir?

Como você receberia a mudança? Na sua vida emocional?

Nos seus relacionamentos?

Você deixa espaço suficiente aos outros para que possam modificar sua visão das coisas, sua maneira de agir ou pensar?

Quando você está para assumir um novo comportamento, sua mente lhe insinua perspectivas negativas sobre essa mudança?

Ou ela silencia e permite que você entre imediatamente em ação?

Você espera que outros se comportem da maneira que você esperava ou imaginava?

❦

Você diria que a sua visão da vida é criativa, que ela o estimula a inventar e permite que outros o surpreendam?

15.
Alegria Criadora

Debruçando-nos sobre o processo de criação de um pintor, de um músico ou de um escritor, descobrimos que a criação surge durante um estado de silêncio mental, quando tudo o que não precisa ser pensado tem condições de aflorar. Um pintor chinês clássico construiu um estúdio em forma de barco. Ele entrava no barco e preparava-se para trabalhar: posicionava a tela, estendia o braço relaxado e segurava o pincel com toda leveza. Do simples flutuar do barco ao ritmo dos movimentos caprichosos do rio resultavam telas preenchidas com as mais belas paisagens.

A criatividade não é exclusividade dos artistas ou dos que acreditam que são capazes de inundar o mundo com suas produções. Ela é acessível a quem quer que descubra a presença e entre numa relação profunda com o mundo ao seu redor.

Criar a própria vida significa explorar constantemente a realidade e desenvolver uma maior acuidade em termos de percepção, refinamento e graça.

Um artista digno desse nome sempre explora o desconhecido. Ele não reproduz o trabalho de outros, nem o próprio. Ele está em constante movimento em direção ao desconhecido. Ele não presta atenção ao que os outros esperam dele, pois não sabe para onde vai. Ele cria para poder descobrir onde está enquanto prossegue em sua caminhada.

Perguntemo-nos se, em situações semelhantes, percorremos os mesmos caminhos. O hábito sempre nos leva a trilhar a mesma vereda. O mero fato de alterar o itinerário de volta para casa pode nos ajudar a adotar novos comportamentos. Podemos nos tornar mais conscientes das rotinas circulares e obsessivas, das infinitas repetições de nossos gestos, palavras, pensamentos e sensações físicas. A mente precisa de novidade, precisa perceber mais e em maior profundidade, não tem necessidade de se acostumar com nada, de modo a não cair em um estado de letargia.

A criatividade sensorial não repete os mesmos gestos ou movimentos; ela introduz diferentes maneiras de tocar.

A criatividade mental nos faz lembrar que já percorremos determinados caminhos; estimula-nos a abrir novos caminhos mentais, sempre que possível; torna-nos aventureiros!

A criatividade emocional nos afasta dos sulcos circulares que nossos hábitos indolentes nos apresentam automaticamente; estimula-nos a deixar-nos levar; a repelir o medo e a antevisão mental; a recuperar a inocência de quem não sabe.

A criatividade aos poucos esvazia a nossa memória: uma memória vazia não expressa uma imagem ou uma comparação com outra coisa quando ocorre um evento. Cada momento é incomparável e de um frescor luminoso.

Sou um Artista?

Na sua vida diária, você sente alegria ao criar alguma coisa
simples: um espaço para um objeto, uma receita,
uma descoberta sensorial?

Que importância você atribui ao seu contato com as artes:
música, literatura, filosofia, pintura, escultura.
Você se sente realizado?

Você gosta de descobrir novas criações?
Tem medo de inovações?
Vê criatividade em encontros casuais?

Em seus relacionamentos, você promove a criatividade ou uma abordagem diferente, ou você se sente mais seguro repetindo padrões antigos?

Você tem consciência de momentos de encantamento? Com que frequência? Nesses momentos, você se sente criativo com relação ao que observa?

Você já viveu a experiência de considerar como criativa a matéria inanimada ao seu redor?

Você já se perguntou se a matéria, os elementos e os reinos vegetal e mineral podem ter consciência?

*Você está ciente da vibração da matéria,
da dança dos átomos?*

*Você sente às vezes como se entrasse em um momento de êxtase,
quando não há diferença entre você e o que você percebe?*

16.

A Reintegração do Caos

O medo em que a nossa sociedade atual vive nos leva a esquecer os aspectos criativos do caos e a ver apenas desordem e catástrofe. Reportando-nos à mitologia grega, podemos ver a criatividade do caos e então ter condições de reintegrá-lo em nossa vida.

O Caos existia antes de qualquer outra coisa, uma espécie de magma flutuante e indiferenciado preenchido com energia suspensa. Então Gaia, a Terra, surgiu. Em seguida Eros, amor, Nyx, a noite, e Érebo se uniram e deram à luz o dia e o éter. Assim nasceram o amor e o ódio, para prenunciar o retorno ao caos.

Vendo o caos como energia, reduzimos tanto o medo de estados caóticos quanto o desejo de suprimir nossas estratégias para evitá-los. Períodos de caos são extraordinariamente criativos. Eles constituem o fim de um universo enganosamente organizado e anunciam o surgimento de uma nova força. Se não fugirmos do caos e não fecharmos os olhos, teremos a impressão de flutuar em meio a um oceano de energia vibrante. O corpo absorve essa energia, o espírito se nutre dela e passa por uma fase de recolhimento e de vazio repousante em que as sementes da criatividade germinam. É o fim de uma ordem e o início de uma revitalização.

Existe, na harmonia, uma espécie de suavidade entorpecida. O desejo de permanecer e de se instalar nela é a expressão mais simples do medo. Perfurar a bolha da harmonia para penetrar o caos em que ela parece flutuar é o início de uma grande aventura. O encontro com a incerteza estimula nossa mente e nosso corpo, tão paralisados pelo hábito.

Há algo suspeito em nossa veneração da harmonia. Posso ver um ponto no tempo em que um altar com a estatueta de César, representante do caos, substituiria a de Buda. Todas as manhãs, fazíamos a oferenda da nossa renúncia à harmonia meditando sobre a beleza do caos que nos habita e suas infinitas possibilidades. As situações não são caóticas; nossas reações a elas é que o são.

Aceitar o caos, flutuando sobre ele como num oceano benevolente, é um estado de alegria em que o medo foi vencido. Ao cessar nosso desejo de controlar tudo, nos sentiremos estimulados, encorajados a desejar que as coisas emerjam. O controle emerge do medo de se sentir plenamente vivo. Não há alegria autêntica sem encontrar o caos.

Minhas Incursões pela Criatividade do Caos

Você tem medo de tudo o que aparenta caos nas artes, relacionamentos, questões materiais, catástrofes naturais?

❧

Você evita aproximar-se ou expor-se a situações caóticas?

❧

Você sente o caos emocional como algo perigoso ou como fonte de descoberta?

❧

Você tem medo de seres caóticos ou se sente atraído por eles?

Você resiste a essa atração?

Nos últimos anos, o planeta parece estar revoltado contra a nossa falta de consciência ecológica. Você se dá conta dessa multiplicação de catástrofes naturais como sinal de que precisamos desenvolver a nossa consciência ou como uma fatalidade?

Você sente a tentação de se afastar do seu lado luminoso — aquele em que você se move com facilidade — para explorar o seu lado obscuro — o lado dos desejos, emoções e sentimentos?

Quando outros lhe dizem que estão dispostos a mergulhar em si mesmos e encarar o caos, você tem vontade de fugir ou se sente atraído por essa aventura?

17.

Consciência

A consciência é a dimensão onde todas as forças inconscientes, todas as influências cósmicas e as atividades de condicionamento se manifestam. Para se defender, ela cria uma consciência moral e uma consciência do mundo que gira em torno de uma ilusão da unidade do "eu" separado do todo. A consciência é determinada por um conjunto de fatores, vastos demais para ser entendidos. O ego é a criação dessa multiplicidade que foge totalmente à análise. Haveria outra maneira de descobrir uma consciência que não fosse consciente de nada em particular, que fosse uma consciência vazia, espaçosa e luminosa, que incluísse tudo sem necessidade de nomeá-lo?

A prática da meditação, independentemente da forma ou abordagem, é capaz de revelar essa consciência. Como o céu, ela contém tudo, e nela objetos específicos flutuam como as estrelas. Essa meditação, na qual aquele que percebe forma uma unidade com o que é percebido, é chamada Samadhi (um êxtase sem dualidades). Ela proporciona uma alegria profunda, essencial e permanente.

Essa alegria nos ajuda a entender que esse espaço infinito está presente em cada objeto, em cada ser e em cada partícula da matéria. Pode-se dizer que essa percepção é o fundamento da alegria, uma vez que, como a alegria, não está associada a um objeto específico.

Podemos comparar isso a um projetor de filme. Temos o filme, com as imagens que representam a consciência que o indivíduo tem de si mesmo, a consciência moral, e a ilusão do ego. E temos a luz, que é informe e ilimitada, mas revela os fotogramas do filme e lhes empresta uma aparência de continuidade. Se alguém retirasse o filme, tudo o que restaria seria a luz e o vazio da tela. Através das imagens, porém, podemos também ver a luz. Para ver a luz do filme, é preciso conhecê-la antes que ela produza as formas.

A Prática da Consciência

A consciência se manifesta como presença, e trabalhar com a presença é como aprender a tocar um instrumento musical, sendo o corpo o nosso instrumento. Desenvolvendo a nossa atenção, ela pode se harmonizar com o mundo e vibrar espontaneamente. Para isso, a orientação é praticar dezenas de exercícios breves, de quinze a vinte segundos, em vez de atividades mais longas. Repetindo esses exercícios trinta, quarenta, cinquenta vezes por dia, é possível entrar em contato profundo com uma sensação, como por exemplo, da água que se derrama sobre o corpo, do contato dos pés com o chão, do aroma e sabor de uma xícara de chá, da observação do céu, do toque de um objeto, do canto de um pássaro, do contato visual com um estranho. Entre em contato profundo com esses pequenos eventos do dia, respire relaxando o abdômen, e depois de quinze ou vinte segundos, dispense conscientemente esse contato e volte à sua tarefa do momento. Alguns minutos depois, escolha outro objeto de atenção e presença.

Se você praticar durante vários dias, descobrirá que quanto mais a sua atenção e presença se desenvolverem, mais aumentará o seu prazer de estar no mundo.

Não é preciso muito tempo para descobrir a alegria. Essa descoberta irá curá-lo da expectativa de um evento excepcional que o fará feliz. Quanto mais presente você estiver, menos será hipnotizado pela esperança. O que está presente, nesse momento, na sua frente, contém tudo o que é necessário para lhe dar alegria.

O simples fato de poder se movimentar, saborear, sentir, ouvir, tocar e ver é um milagre cuja beleza nos escapa com demasiada frequência.

Passadas algumas semanas, o corpo desejará mais presença de sua parte. Ele é um instrumento de prazer e, como entende que existe um imenso prazer na presença, ele retorna naturalmente a essa presença.

Você tem o direito de viver plenamente.

18.

Amor

Se tivéssemos amor, não precisaríamos de mais nada e todo problema pareceria insignificante. A escassez de amor às vezes precipita em nós uma impaciência irrefreável. Nosso desejo de amor nos congela e bloqueia totalmente o nosso dinamismo. Nós nos sentimos sós, isolados, em uma frieza efetiva, com apenas a esperança de algum dia sermos amados.

Receber amor depende de outros que podem nos privar dele. Existe uma solução muito simples sobre a qual raramente refletimos: dar amor depende de nós. Dar amor é, em primeiro lugar, uma manifestação de estar presente no mundo, da presença do outro, da capacidade de ouvir em um estado de relaxamento físico, mental e emocional. Como não estamos acostumados a que outros estejam presentes, é natural para nós sucumbir a essa ausência que caracteriza nossas relações sociais, levando a jogos de decepção, relacionamentos superficiais e afastamento.

Mas se damos alguns minutos de presença e atenção reais, o processo de evasão desaparece. Presença exige presença. Nós sentimos prazer. Uma comunicação autêntica floresce. Não estamos longe do amor. Quando damos, recebemos. Simples assim.

Em nossas relações amorosas, muitas vezes confundimos dádiva e posse. Uma vida criativa implica que demos a outros todo o espaço de que precisam para florescer completamente. Uma vez passado o entusiasmo do vínculo inicial, um processo restritivo se estabelece: limitamos a amplitude da investigação de nossos parceiros; queremos que mudem para se adequar às nossas ideias. O amor definha, transformando-se em amargura. Não cortamos as asas do outro sem pagar um preço.

O amor é uma criação constante. Se não confinarmos os outros nos limites dos nossos próprios conceitos, se não os congelarmos em uma imagem, eles poderão evoluir livremente e, apreciando sua liberdade, poderemos redescobri-los todos os dias. O amor é o único laço poderoso que pode se estabelecer entre dois seres humanos. Todos os esforços para limitar ou controlar resultarão na morte do amor.

Nesse vínculo recíproco e criativo, a alegria se manifestará e unirá as pessoas de uma maneira muito mais profunda do que quaisquer promessas e limitações.

Perguntas sobre o Amor

Qual é a minha definição de amor?

De acordo com essa definição, eu diria que dou e recebo amor?

Qual é a parte da posse no amor que eu dou aos outros?

Estou pronto a dar todo o espaço necessário para a realização total da pessoa que amo?

Esse presente abrange todas as áreas: dinheiro, tempo, gostos, opiniões artísticas e políticas, e sexualidade?

O medo do abandono tem espaço no meu relacionamento?

Sou mais generoso no pensamento do que na ação?

Quando amo, tenho ciúmes?

Tenho ciúmes na vida?

Acredito que a felicidade de outra pessoa rouba parte da minha felicidade?

Para mim, a felicidade de dar amor é a mesma de receber amor?

Já senti um amor não centrado em um objeto ou em um ser humano – um sentimento de amor que incluía o mundo?

19.

Corpo e Mente

Em chinês, o mesmo ideograma representa o corpo e a mente. Os ocidentais, familiarizados com uma divisão cultural e religiosa, têm dificuldade de entender isso. Negar, a ponto até de torturar o corpo, é a forma que escolhemos para purificar a mente. Unificar o corpo e a mente é o caminho para a alegria.

Encontrar novamente o corpo é difícil. Reduzir o discurso interior constante é ainda mais difícil. A questão aqui é não negar a capacidade maravilhosa da mente, nem desvalorizá-la em relação ao corpo, mas restabelecer o equilíbrio apropriado e deixar de fazer do corpo o escravo dos nossos pensamentos.

O que nos afasta da presença é o comentário constante e recorrente dos nossos desejos, atos e fixações mentais. Se pudéssemos gravar um único dia de discurso mental, teríamos quinze, dezesseis horas de comentários contínuos sobre nossas ações e gestos. Em comparação, a leitura deste livro precisa de apenas uma hora. Discurso contínuo não é vida; é apenas o comentário de uma vida possível que realmente não vivemos.

Praticando atenção e presença, esse comentário diminuirá e desaparecerá. Haverá apenas ação espontânea; nada de medo antecipado, nada de hesitação, nada de explicações após o ato, mas simplesmente repouso no silêncio da mente. É isso que o Ch'an pratica e ensina.

São necessários anos de prática para alcançar essa espontaneidade, mas todos podemos chegar a um equilíbrio benéfico em que a mente, sem estar em silêncio absoluto, poderá gerar espaços abertos, resultando em ações cada vez mais simples e diretas de nossa parte.

Viver em alegria não significa que seremos hipnotizados por uma alegria artificial. Continuaremos sendo sensíveis às flutuações da vida, mas sua manifestação parecerá suspensa em um espaço de alegria. Um corpo aberto e mais fluido, acompanhado de uma mente mais aberta, não se apegará ao sofrimento, que também se dissipará em um tempo relativamente curto.

Alcançar um estado de alegria exige coragem para nos fazermos perguntas e respondê-las com autenticidade.

O único objetivo deste pequeno guia de navegação interior é criar um processo que permita o florescimento da alegria.

Daniel Odier nasceu em Genebra em 1945. Como romancista, roteirista e poeta, publicou mais de 46 obras, entre elas o *best-seller Tantric Quest: An Encounter with Absolute Love* e *Desire: The Tantric Path to Awakening*. Anaïs Nin qualificou-o como um "escritor proeminente e poeta brilhante". O autor iniciou seus estudos com Kalu Rinpoche em 1968, permanecendo como seu discípulo até o falecimento do mestre em 1989. Em 2004, Odier recebeu a iniciação na tradição religiosa e filosófica Ch'an (Zen chinês) nas escolas Lin t'si e Caodong, na China, bem como permissão para ensinar a linhagem Zhao Zhou (sendo um dos primeiros mestres Ch'an) no Ocidente. Daniel ensinou Tantra e Budismo em várias universidades norte-americanas a partir de 1995 e continua promovendo seminários e cursos na Europa, no Canadá e nos Estados Unidos.